Impressum
Verlag: BABADADA GmbH, Nedderfeld 112 , 22529 Hamburg
Geschäftsführer / Verlagsleitung: Harald Hof
Druck: Books on Demand GmbH, In de Tarpen 42, 22848 Norderstedt

Imprint
Publisher: BABADADA GmbH, Nedderfeld 112 , 22529 Hamburg, Germany
Managing Director / Publishing direction: Harald Hof
Print: Books on Demand GmbH, In de Tarpen 42, 22848 Norderstedt

koulu
escuela

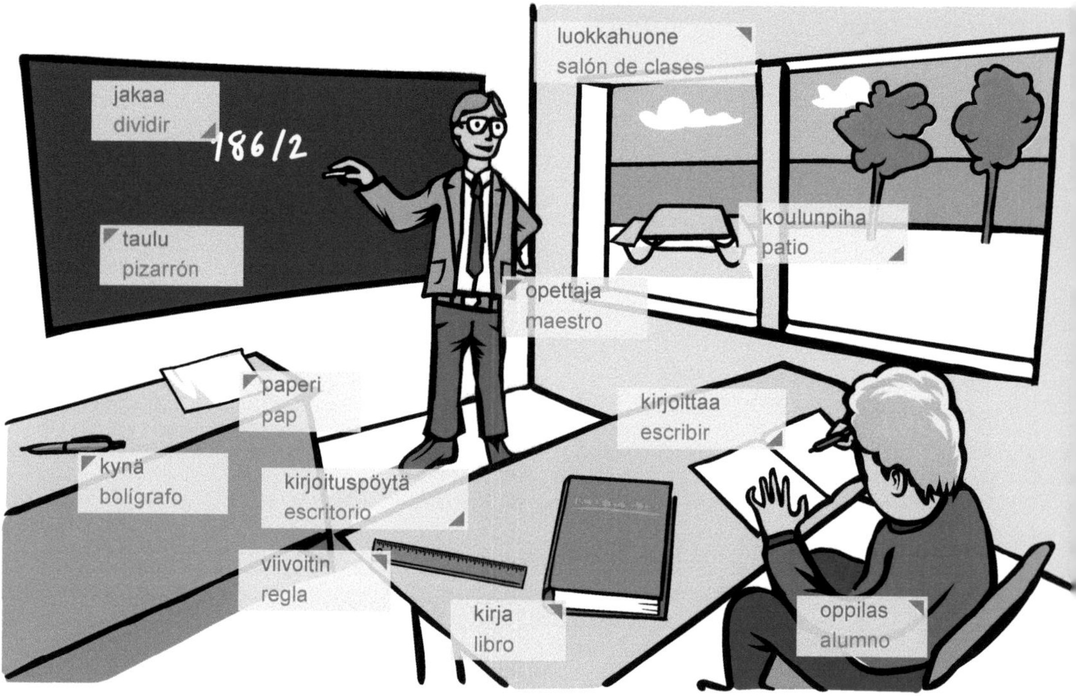
luokkahuone
salón de clases
jakaa
dividir
186/2
taulu
pizarrón
koulunpiha
patio
opettaja
maestro
paperi
pap
kirjoittaa
escribir
kynä
bolígrafo
kirjoituspöytä
escritorio
viivoitin
regla
kirja
libro
oppilas
alumno

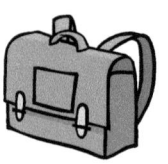

reppu

mochila

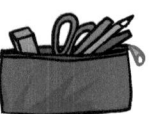

penaali

caja de lápices

lyijykynä

lápiz

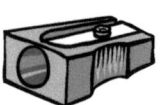

kynänteroitin

sacapuntas

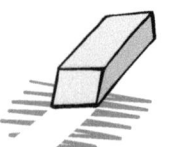

pyyhekumi

goma de borrar

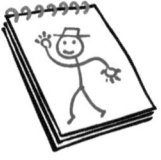

piirustuslehtiö

bloc de dibujo

piirustus

dibujo

pensseli

pincel

vesivärit

caja de lápices de color

sakset

tijeras

liima

pegamento

harjoituskirja

libro de ejercicios

kotitehtävä

tarea

luku

número

lisätä

sumar

vähentää

restar

kertoa

multiplicar

laskea

calcular

kirjain

letra

aakkoset

alfabeto

sana

palabra

teksti

texto

lukea

leer

liitu

tiza

oppitunti

lección

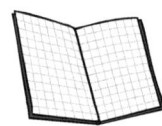

opettajan muistikirja

cuaderno de clase

koe

examen

todistus

certificado

koulupuku

uniforme

koulutus

educación

sanakirja

enciclopedia

yliopisto

universidad

mikroskooppi

microscopio

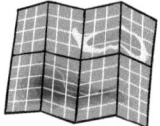

kartta

mapa

roskakori

bote de basura

hotelli
hotel

Grand

retkeilymaja
hostel

ROOMS

rahanvaihto
casa de cambio

EXCHANGE

matkalaukku
maleta

auto
carro

kieli
·············
idioma

kyllä / ei
·············
sí / no

selvä
·············
Órale

hei
·············
hola

tulkki
·············
traductor

kiitos
·············
Gracias

Paljonko...maksaa?

¿cuánto cuesta...?

en ymmärrä

No entiendo

ongelma

problema

Hyvää iltaa!

¡Buenas tardes!

Hyvää huomenta!

¡Buenos días!

Hyvää yötä!

¡Buenas noches!

näkemiin

adiós

suunta

dirección

matkatavarat

equipaje

laukku

bolsa

reppu

mochila

vieras

invitado

huone

recámara

makuupussi

bolsa de dormir

teltta

tienda de campaña

turisti-info

información turística

ranta

playa

luottokortti

tarjeta de crédito

aamupala

desayuno

lounas

almuerzo

päivällinen

cena

matkalippu

billete

hissi

ascensor

postimerkki

sello

raja

frontera

tulli

aduana

suurlähetystö

embajada

viisumi

visa

passi

pasaporte

kuljetus

transporte

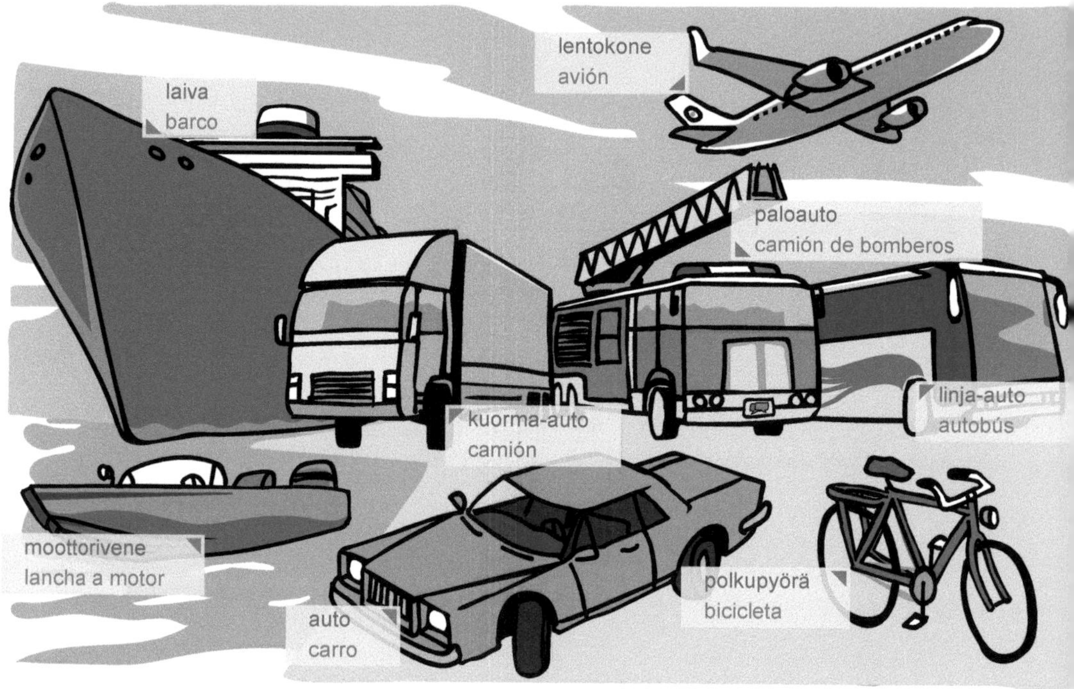
lentokone
avión
laiva
barco
paloauto
camión de bomberos
kuorma-auto
camión
linja-auto
autobús
moottorivene
lancha a motor
polkupyörä
bicicleta
auto
carro

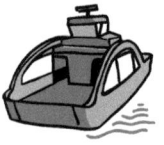

lautta

ferry

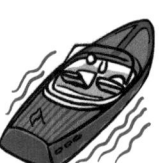

vene

bote

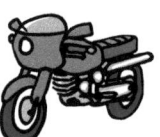

moottoripyörä

motocicleta

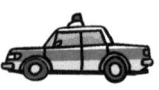

poliisiauto

patrulla

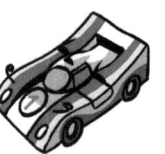

kilpa-auto

coche de carreras

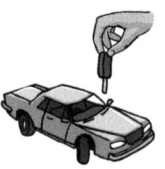

vuokra-auto

auto para rentar

car sharing

renta de autos

hinausauto

grúa

roska-auto

camión recolector de basura

moottori

motor

polttoaine

gasolina

huoltoasema

gasolinera

liikennemerkki

señal de tráfico

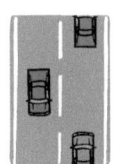

liikenne

tránsito

ruuhka

embotellamiento

parkkipaikka

aparcamiento

rautatieasema

estación de tren

raiteet

vías

juna

tren

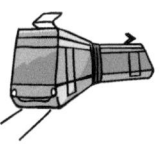

raitiovaunu

tranvía

vaunu

vagón

helikopteri

helicóptero

lentokenttä

aeropuerto

lähilennonjohto

torre

matkustaja

pasajero

kontti

contenedor

pahvilaatikko

caja de cartón

kärryt

carretilla

kori

cesta

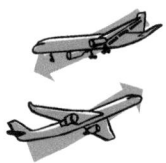

nousta / laskea

despegar / aterrizar

kaupunki
ciudad

kylä

pueblo

keskusta

centro de ciudad

talo

casa

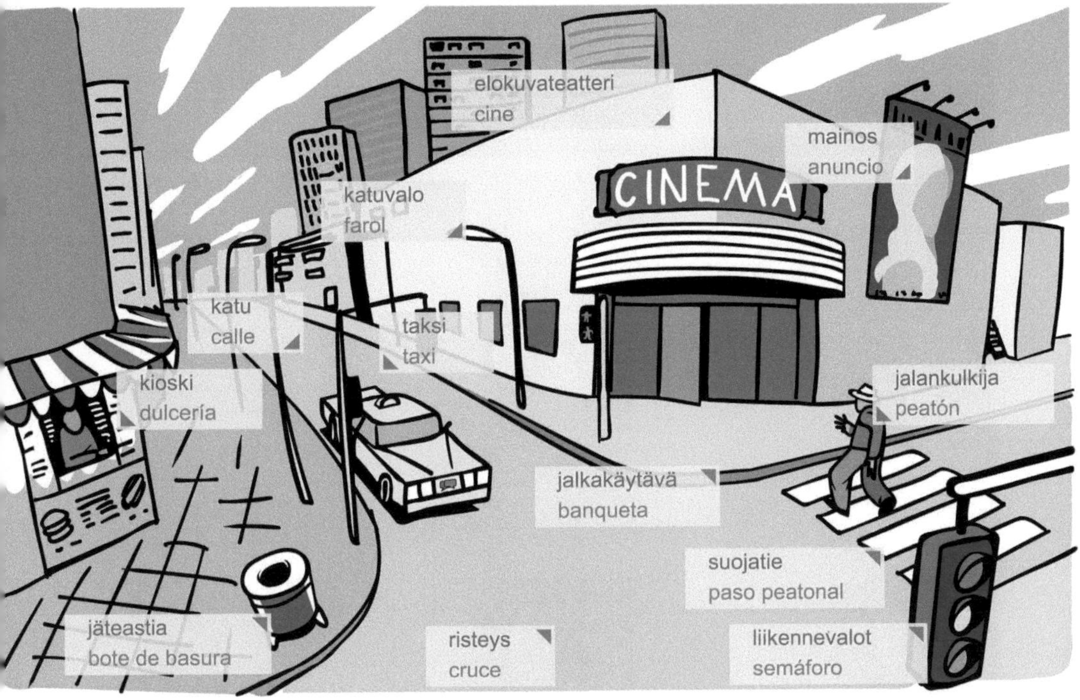

elokuvateatteri
cine
mainos
anuncio
CINEMA
katuvalo
farol
katu
calle
taksi
taxi
kioski
dulcería
jalankulkija
peatón
jalkakäytävä
banqueta
suojatie
paso peatonal
jäteastia
bote de basura
risteys
cruce
liikennevalot
semáforo

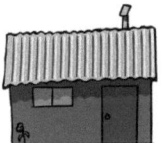

mökki

cabaña

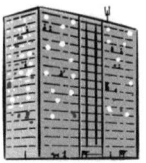

kerrostalo

apartamento

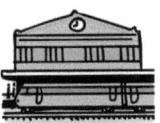

rautatieasema

estación de tren

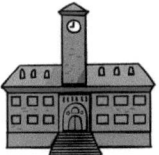

kaupungintalo

ayuntamiento

MUSEUM

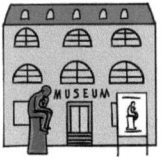

museo

museo

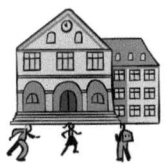

koulu

escuela

yliopisto

universidad

pankki

banco

sairaala

hospital

hotelli

hotel

apteekki

farmacia

toimisto

oficina

kirjakauppa

librería

liike

tienda

kukkakauppa

florería

supermarketti

supermercado

tori

mercado

tavaratalo

grandes tiendas

kalakauppias

pescadería

ostoskeskus

centro comercial

satama

puerto

puisto
parque

penkki
banco

silta
puente

portaat
escaleras

metro
metro

tunneli
túnel

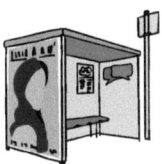

linja-autopysäkki
parada de autobús

baari
bar

ravintola
restaurante

postilaatikko
buzón

katukyltti
letrero

parkkimittari
parquímetro

eläintarha
zoológico

uimala
alberca

moskeija
mezquita

maatila

granja

ympäristön saastuminen

contaminación

hautausmaa

cementerio

kirkko

iglesia

leikkikenttä

área de niños

temppeli

templo

maisema

paisaje

lehti
hoja

tienviitta
señal

tie
camino

niitty
pradera

kivi
piedra

retkeilijä
caminante

puu
árbol

joki
río

ruoho
pasto

kukka
flor

laakso
valle

vuori
montaña

järvi
lago

metsä
bosque

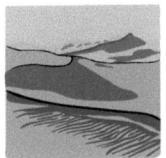

aavikko
desierto

tulivuori
volcán

linna
castillo

sateenkaari
arco iris

sieni
champiñón

palmu
palmera

hyttynen
mosquito

kärpänen
mosca

muurahainen
hormiga

mehiläinen
abeja

hämähäkki
araña

kovakuoriainen

escarabajo

sammakko

rana

orava

ardilla

siili

erizo

jänis

liebre

pöllö

lechuza

lintu

pájaro

joutsen

cisne

villisika

jabalí

peura

ciervo

hirvi

alce

pato

embalse

tuulimylly

turbina eólica

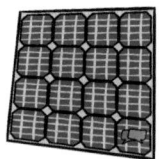

aurinkopaneeli

pansolar

ilmasto

clima

ravintola
restaurante

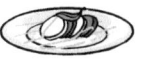

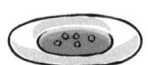

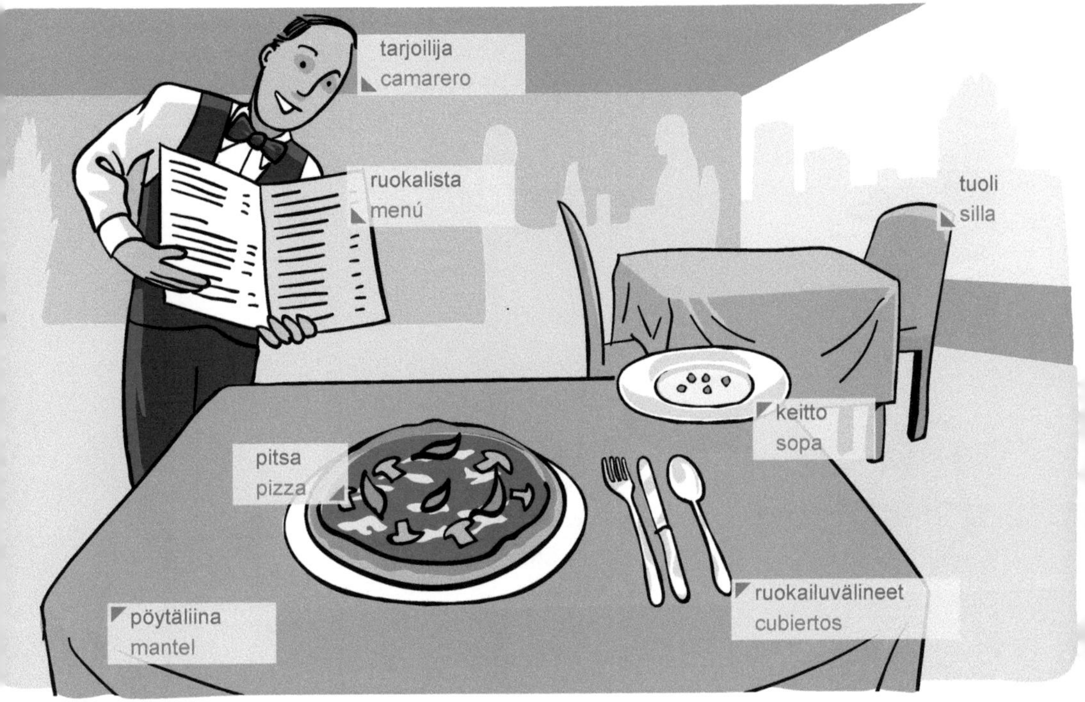
tarjoilija
camarero
ruokalista
menú
tuoli
silla
keitto
sopa
pitsa
pizza
ruokailuvälineet
cubiertos
pöytäliina
mantel

alkuruoka

entrada

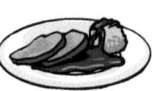

pääruoka

plato fuerte

jälkiruoka

postre

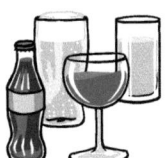

juomat

bebidas

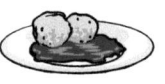

ruoka

comida

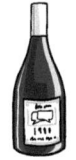

pullo

botella

pikaruoka

comida rápida

katuruoka

comida de calle

teekannu

tetera

sokeriastia

azucarera

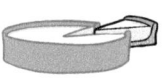

annos

porción

espressokeitin

cafetera espresso

syöttötuoli

periquera

lasku

cuenta

tarjotin

charola

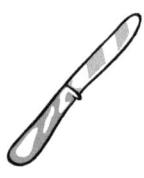

veitsi

cuchillo

haarukka

tenedor

lusikka

cuchara

teelusikka

cuchara de té

servietti

servilleta

lasi

vaso

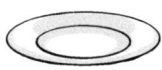

lautanen

plato

syvä lautanen

plato hondo

aluslautanen

plato

kastike

salsa

suolasirotin

salero

pippurimylly

molino para pimienta

etikka

vinagre

öljy

aceite

mausteet

especias

ketsuppi

kétchup

sinappi

mostaza

majoneesi

mayonesa

supermarketti
supermercado

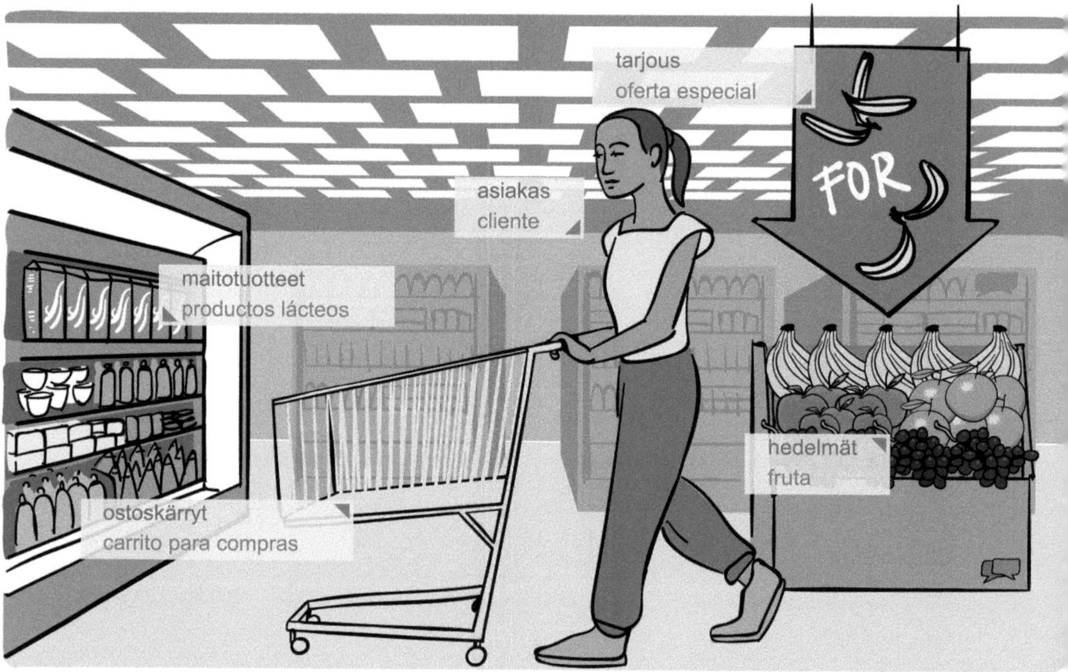

tarjous
oferta especial
FOR
asiakas
cliente
maitotuotteet
productos lácteos
hedelmät
fruta
ostoskärryt
carrito para compras

BUTCHERS

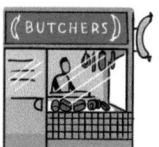

teurastamo

carnicería

BAKERY

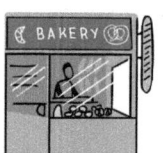

leipomo

panadería

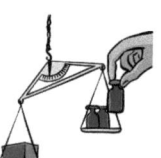

punnita

pesar

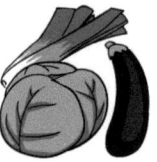

kasvikset

vegetales

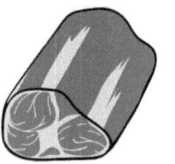

liha

carne

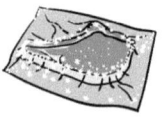

pakasteet

alimentos congelados

leikkele

carnes frías

säilykkeet

alimentos enlatados

pesujauhe

detergente en polvo

makeiset

dulces

kotitaloustarvikkeet

electrodomésticos

puhdistusaineet

productos de limpieza

myyjä

vendedora

kassa

caja

kassanhoitaja

cajero

ostoslista

lista de compras

aukioloajat

horario de atención al público

lompakko

cartera

luottokortti

tarjeta de crédito

kassi

bolsa

muovipussi

bolsa de plástico

juomat

bebidas

vesi

agua

mehu

jugo

maito

leche

kokis

refresco de cola

viini

vino

olut

cerveza

alkoholi

alcohol

kaakao

cacao

tee

té

kahvi

café

espresso

espresso

cappuccino

cappuccino

banaani

plátano

omena

manzana

appelsiini

naranja

meloni

melón

sitruuna

limón

porkkana

zanahoria

valkosipuli

ajo

bambu

bambú

sipuli

cebolla

sieni

champiñón

pähkinät

nueces

spagetti

fideos

spagetti

espaguetis

riisi

arroz

salaatti

ensalada

ranskalaiset

patatas fritas

paistetut perunat

patatas fritas

pitsa

pizza

hampurilainen

hamburguesa

voileipä

emparedado

leike

filete

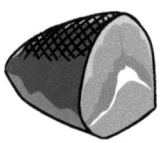

kinkku

jamón

salami

salami

makkara

salchicha

kana

pollo

paisti

asado

kala

pescado

kaurahiutaleet

copos de avena

mysli

muesli

murot

copos de maíz

jauho

harina

voisarvi

cuernito

sämpylä

bolillo

leipä

pan

paahtoleipä

tostada

keksit

galletas

voi

mantequilla

rahka

cuajada

kakku

pastel

kananmuna

huevo

paistettu kananmuna

huevo frito

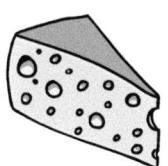

juusto

queso

ruoka - comida

jäätelö

helado

sokeri

azúcar

hunaja

miel

hillo

mermelada

suklaapähkinälevite

crema de chocolate

curry

curry

maatila
granja

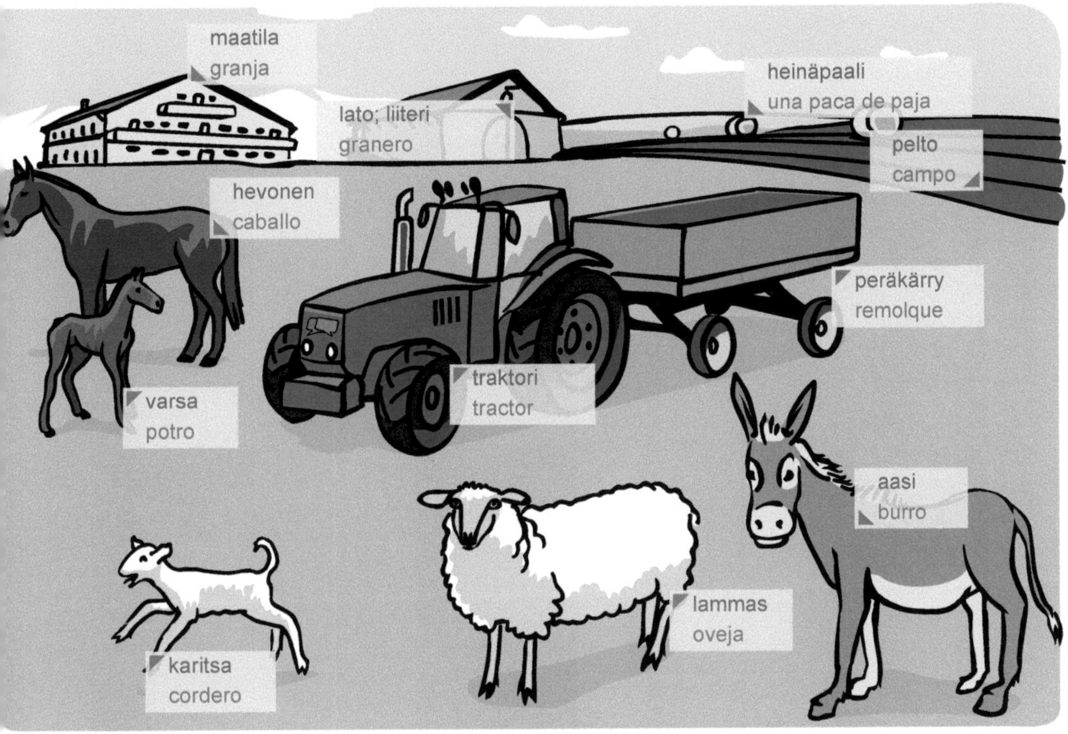
maatila
granja
lato; liiteri
granero
heinäpaali
una paca de paja
pelto
campo
hevonen
caballo
peräkärry
remolque
traktori
tractor
varsa
potro
aasi
burro
lammas
oveja
karitsa
cordero

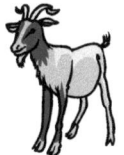

vuohi

cabra

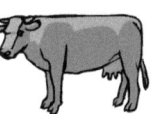

lehmä

vaca

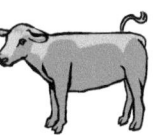

vasikka

ternero

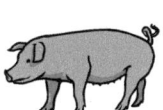

sika

cerdo

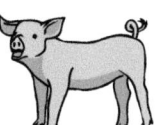

porsas

lechón

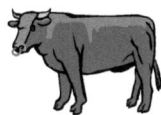

sonni

toro

hanhi

ganso

ankka

pato

tipu

pollo

kana

gallina

kukko

gallo

rotta

rata

kissa

gato

hiiri

ratón

härkä

buey

koira

perro

koirankoppi

casa dperro

puutarhaletku

manguera

kastelukannu

regadera

viikate

guadaña

aura

arado

sirppi
hoz

kuokka
azadón

talikko
horquilla

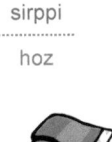

kirves
hacha

kottikärryt
carretilla

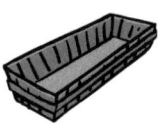

kaukalo
bebedero

maitokannu
bote de leche

säkki
saco

aita
valla

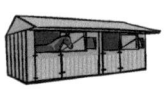

talli
establo

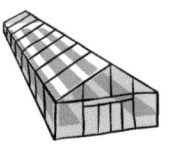

kasvihuone
invernadero

maa
suelo

siemen
semilla

lannoite
fertilizador

leikkuupuimuri
cosechadora

kerätä sato

cosechar

sato

cosecha

jamssit

camote

vehnä

trigo

soija

soja

peruna

patata

maissi

maíz

rypsi

semilde colza

hedelmäpuu

árbol frutal

maniokki

mandioca

vilja

cereales

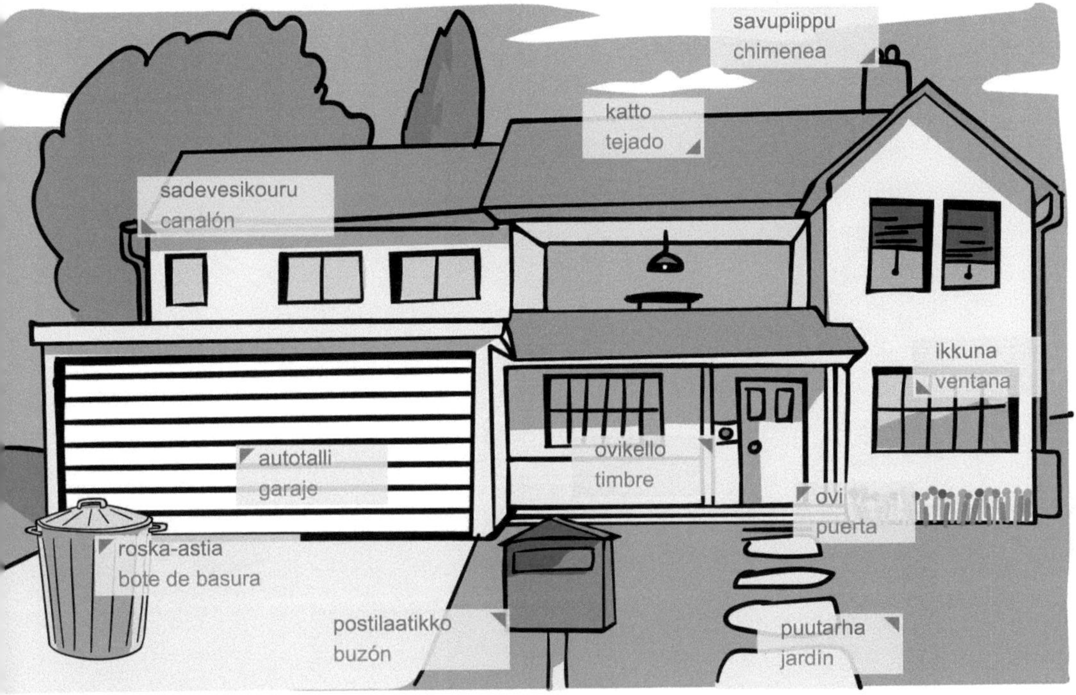

savupiippu
chimenea

katto
tejado

sadevesikouru
canalón

ikkuna
ventana

autotalli
garaje

ovikello
timbre

ovi
puerta

roska-astia
bote de basura

postilaatikko
buzón

puutarha
jardín

olohuone

estancia

kylpyhuone

baño

keittiö

cocina

makuuhuone

recámara

lastenhuone

recámara de los niños

ruokahuone

comedor

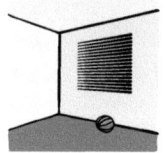

lattia

suelo

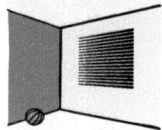

seinä

pared

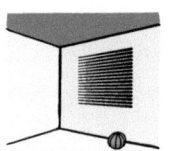

katto

techo

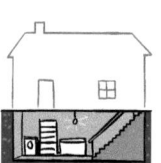

kellari

sótano

sauna

sauna

parveke

balcón

terassi

terraza

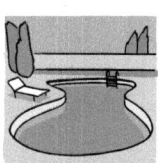

uima-allas

alberca

ruohonleikkuri

cortacésped

lakana

sábana

päiväpeitto

colcha

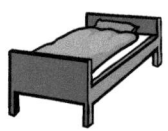

sänky

cama

harja

escoba

ämpäri

balde

katkaisin

interruptor

olohuone
estancia

tapetti
pappara empapelar
kuva
imagen
lamppu
lámpara
hylly
estante
kaappi
alacena
televisio
televisión
takka
chimenea
kukka
flor
tyyny
cojín
sohva
sofá
maljakko
florero
kaukosäädin
control remoto

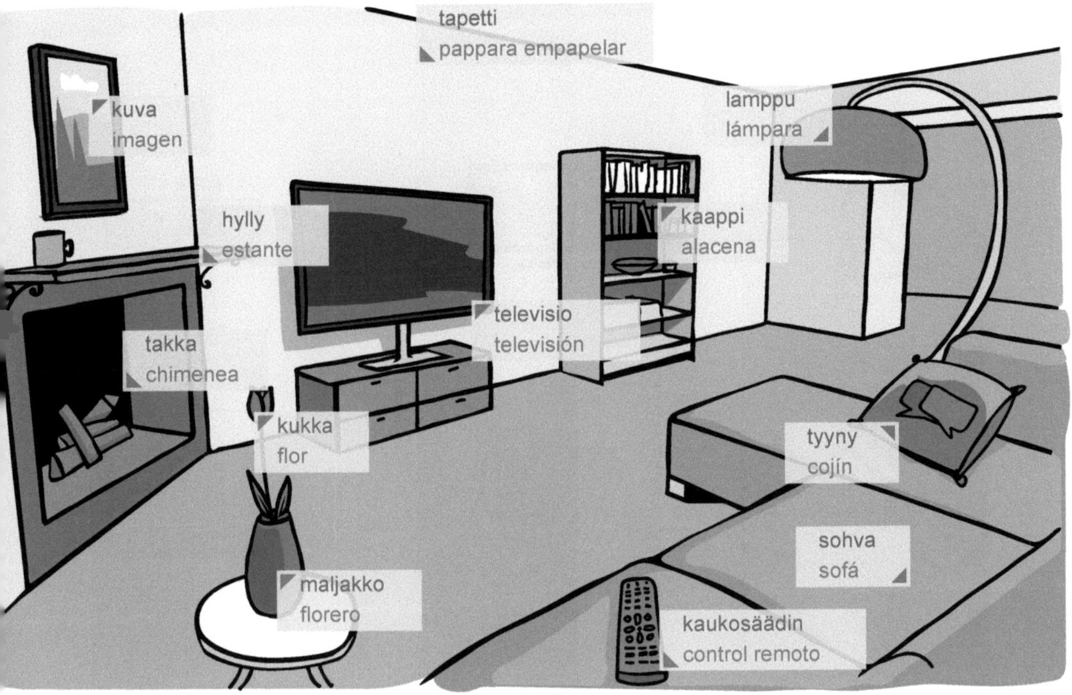

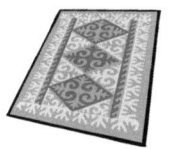

matto
alfombra

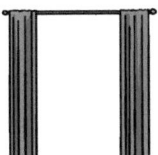

verho
cortina

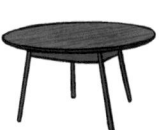

pöytä
mesa

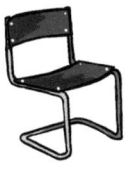

tuoli
silla

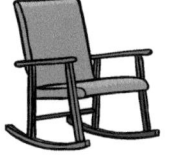

keinutuoli
mecedora

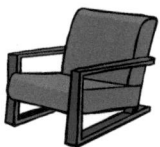

nojatuoli
sillón

kirja

libro

peitto

frazada

koriste

decoración

polttopuut

leña

elokuva

película

stereot

equipo de música

avain

llave

sanomalehti

periódico

maalaus

pintura

juliste

póster

radio

radio

muistivihko

cuaderno

pölynimuri

aspiradora

kaktus

cactus

kynttilä

vela

keittiö
cocina

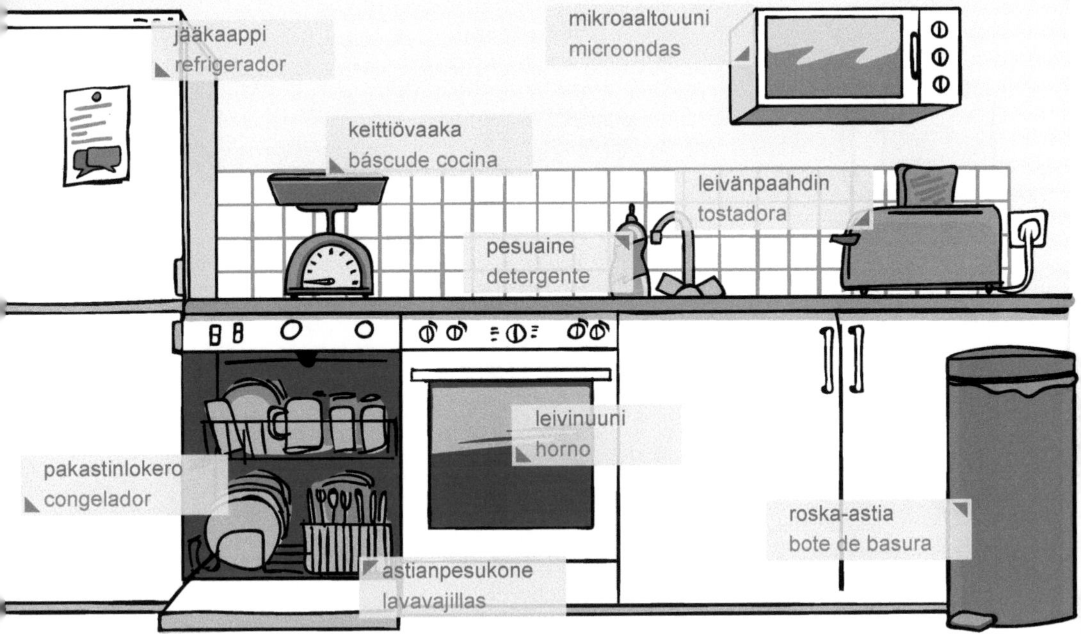

jääkaappi
refrigerador
mikroaaltouuni
microondas
keittiövaaka
báscude cocina
leivänpaahdin
tostadora
pesuaine
detergente
leivinuuni
horno
pakastinlokero
congelador
roska-astia
bote de basura
astianpesukone
lavavajillas

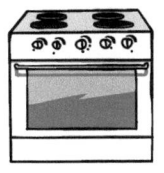

liesi

opresión

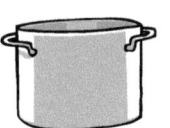

kattila

olla

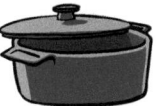

rautapata

olde hierro fundido

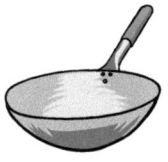

vokkipannu / kadai-pannu

wok

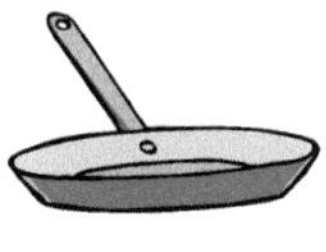

paistinpannu

sartén

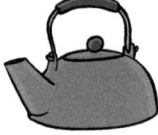

teepannu

hervidor

höyrykeitin

vaporera

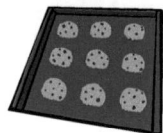

uunipelti

charode horno

astiat

loza

muki

taza

kulho

bol

syömäpuikot

palillos

kauha

cucharón

paistinlasta

espátula

vispilä

batidora

siivilä

colador

siivilä

colador

raastin

rallador

mortteli

mortero

grilli

barbacoa

avotuli

fogata

leikkuulauta

tabpara picar

kaulin

rodillo para amasar

korkinavaaja

sacacorchos

purkki

lata

purkinavaaja

abrelatas

pannulappu

guante de cocina

lavuaari

fregadero

tiskiharja

cepillo

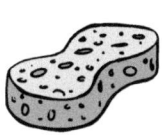

pesusieni

esponja

tehosekoitin

batidora

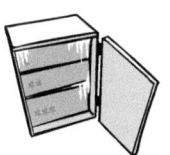

pakastin

congelador

tuttipullo

biberón

vesihana

llave

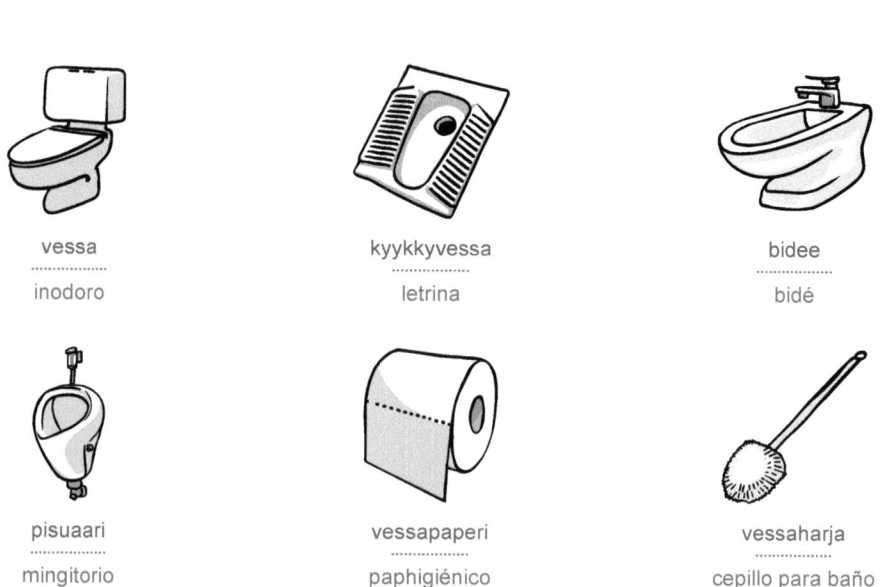

kylpyhuone

baño

lämmitys
calefacción
suihku
ducha
pyyhe
toalla
suihkuverho
cortina de ducha
vaahtokylpy
baño de espuma
kylpyamme
tina
lasi
vaso
pesukone
lavadora
vesihana
llave
kaakelit
baldosas
potta
bacinica
lavuaari
fregadero

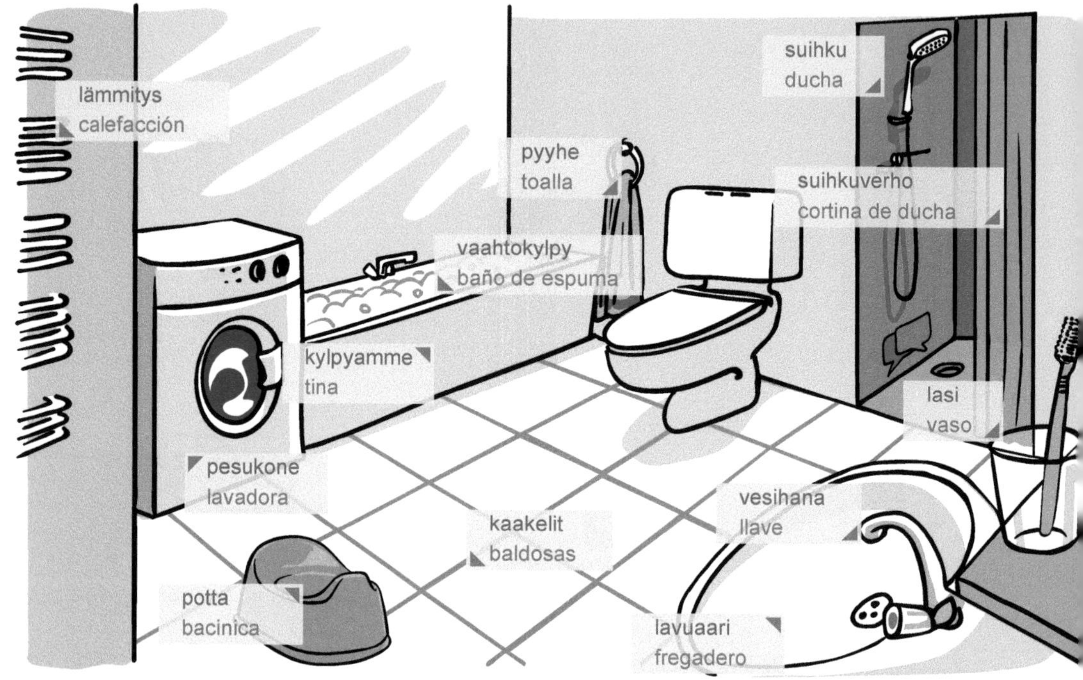

vessa

inodoro

kyykkyvessa

letrina

bidee

bidé

pisuaari

mingitorio

vessapaperi

paphigiénico

vessaharja

cepillo para baño

hammasharja

cepillo de dientes

hammastahna

pasta dental

hammaslanka

hilo dental

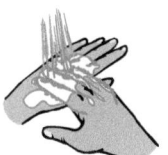

pestä

lavar

käsisuihku

ducha de mano

intiimisuihku

ducha vaginal

pesuvati

fregadero

selkäharja

cepillo de espalda

saippua

jabón

suihkugeeli

gde ducha

shampoo

champú

pesulappu

toallita

viemäri

drenaje

voide

crema

deodorantti

desodorante

peili

espejo

käsipeili

espejo de tocador

partaveitsi

máquina para afeitar

partavaahto

espuma de afeitar

partavesi

loción para después de
afeitar

kampa

peine

harja

cepillo

hiustenkuivaaja

secadora

hiuslakka

laca

meikki

maquillaje

huulipuna

lápiz labial

kynsilakka

esmalte para uñas

pumpuli

algodón

kynsisakset

tijeras para uñas

hajuvesi

perfume

kosmetiikkalaukku

estuche para cosméticos

jakkara

taburete

vaaka

báscula

kylpytakki

bata

kumihansikkaat

guantes de goma

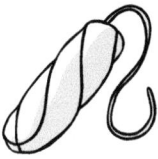

tamponi

tampón

terveysside

toalsanitaria

kemiallinen wc

baño móvil

lastenhuone

recámara de los niños

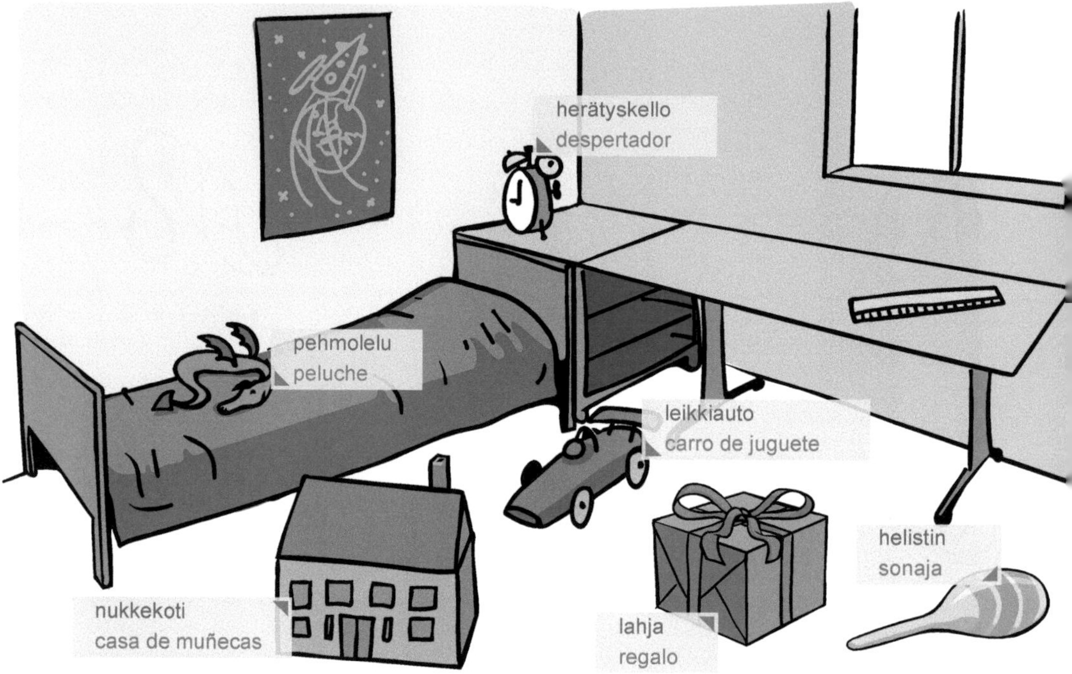
herätyskello
despertador
pehmolelu
peluche
leikkiauto
carro de juguete
helistin
sonaja
nukkekoti
casa de muñecas
lahja
regalo

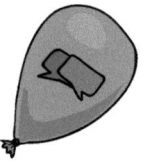

ilmapallo

globo

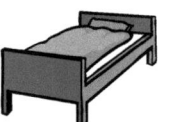

sänky

cama

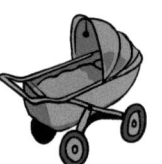

lastenvaunut

carriola

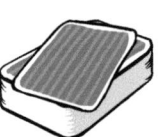

korttipeli

cartas

palapeli

rompecabezas

SUPER
MEGA

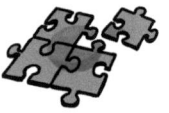

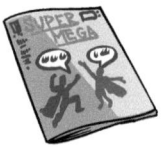

sarjakuva

cómic

legopalikat

piezas de lego

rakennuspalikat

bloques para jugar

supersankari

figura de acción

potkupuku

mameluco

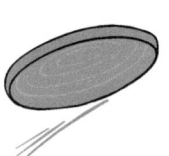

frisbee

frisbee

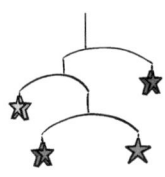

mobile

móvil para bebés

lautapeli

juego de mesa

noppa

dados

pienoisjunarata

tren eléctrico

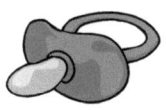

tutti

maniquí

juhlat

fiesta

kuvakirja

álbum de fotos

pallo

balón

nukke

muñeca

leikkiä

jugar

hiekkalaatikko

arenero

keinu

columpio

lelut

juguetes

pelikonsoli

consode videojuegos

kolmipyörä

triciclo

nalle

oso de peluche

vaatekaappi

clóset

vaatteet

ropa

sukat

calcetines

nylonsukat

pantimedias

sukkahousut

mallas

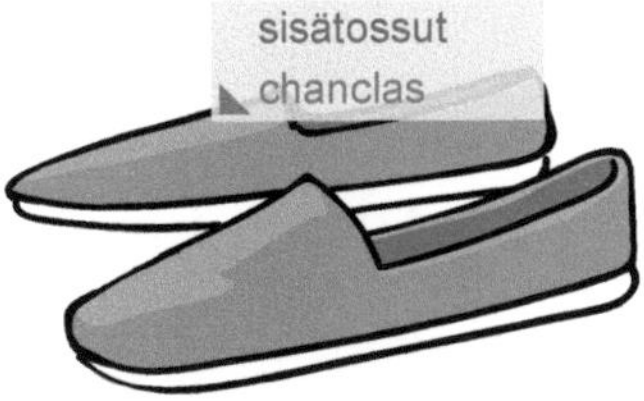

kaulaliina
bufanda

sateenvarjo
paraguas

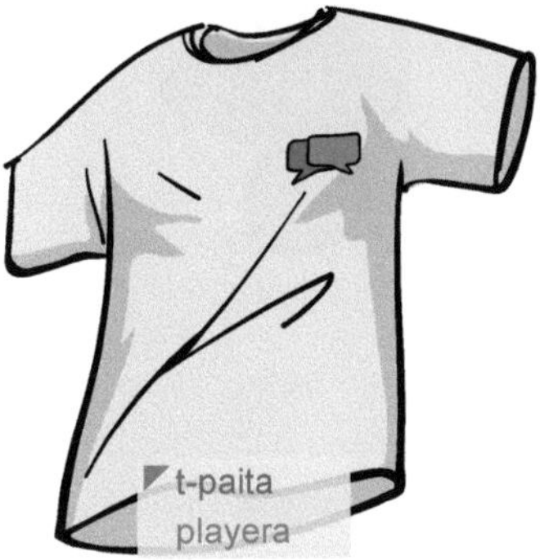

t-paita
playera

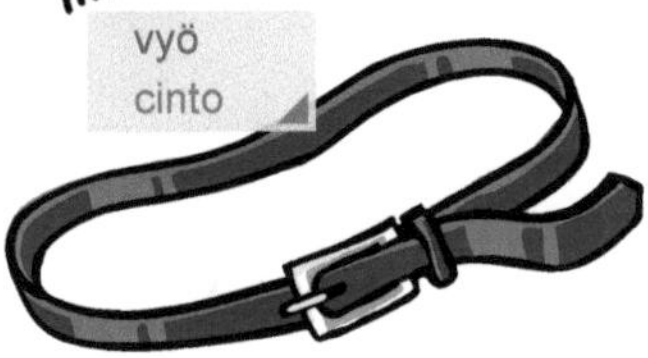

vyö
cinto

saappaat
botas

sisätossut
chanclas

lenkkarit
tenis

sandaalit
sandalias

kengät
zapatos

kumisaappaat
botas de goma

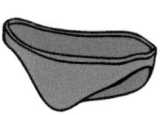

alushousut
ropa interior

rintaliivit
brasier

aluspaita
chaleco

body
body

housut
pantalones

farkut
pantalones de mezclilla

hame
falda

pusero
blusa

paita
camisa

villapaita
suéter

collegepaita
sudadera

jakku
saco sport

takki
chamarra

takki
abrigo

sadetakki
impermeable

puku
traje

mekko
vestido

hääpuku
vestido de novia

puku

traje

yöpaita

camisón

pyjama

pijama

shari

sari

päähuivi

pañuelo para cabeza

turbaani

turbante

burka

burka

kaftaani

caftán

abaya

abaya

uimapuku

traje de baño

uimahousut

short de baño

shortsit

shorts

verkkarit

pants

esiliina

delantal

käsineet

guantes

nappi

botón

silmälasit

gafas

rannekoru

brazalete

kaulakoru

collar

sormus

anillo

korvakoru

arete

lippalakki

gorra

ripustin

gancho

hattu

sombrero

solmio

corbata

vetoketju

cierre

kypärä

casco

henkselit

tirantes

koulupuku

uniforme

univormu

uniforme

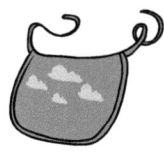

ruokalappu

babero

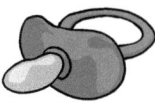

tutti

maniquí

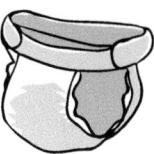

vaippa

pañal

toimisto
oficina

palvelin
servidor
asiakirjakaappi
archivo
tulostin
impresora
paperi
pap
näyttö
monitor
hiiri
mouse
kirjoituspöytä
escritorio
kansio
carpeta
näppäimistö
teclado
roskakori
bote de basura
tietokone
computadora
tuoli
silla

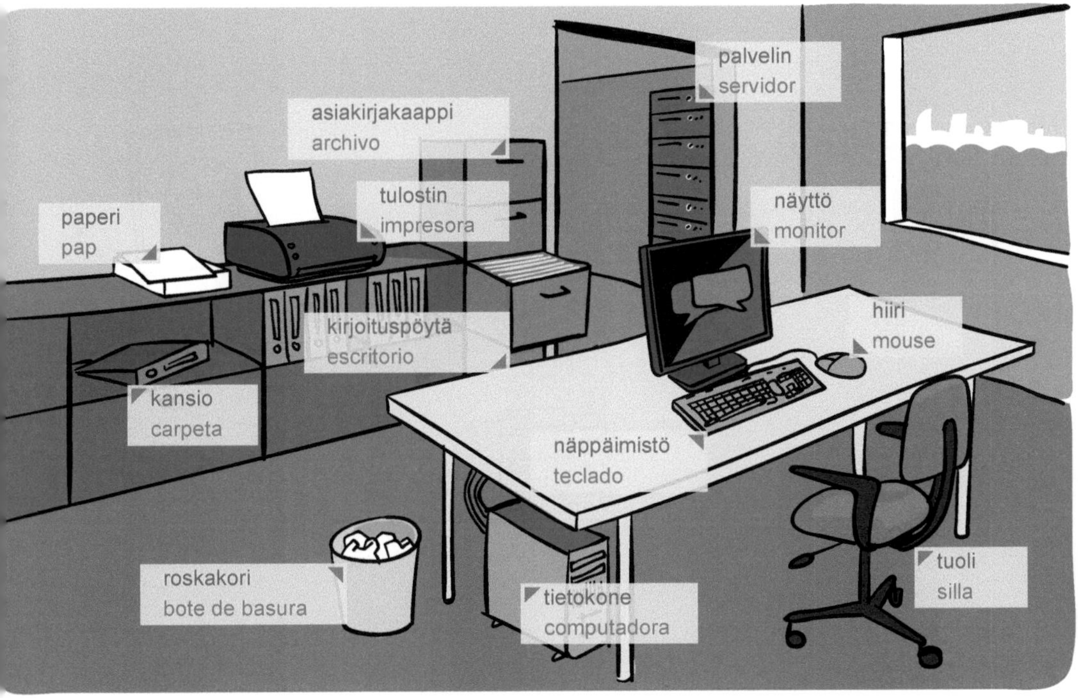

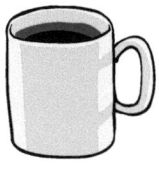

kahvimuki

taza de café

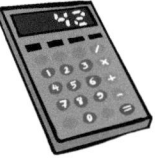

taskulaskin

calculadora

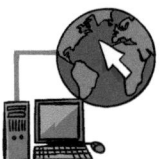

internet

internet

kannettava tietokone

notebook

kirje

carta

viesti

mensaje

kännykkä

móvil

verkko

red

kopiokone

fotocopiadora

ohjelmisto

software

puhelin

teléfono

pistorasia

tomacorriente

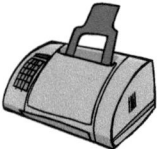

faksi

fax

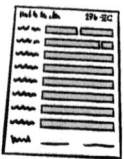

lomake

formulario

asiakirja

documento

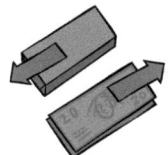

ostaa

comprar

maksaa

pagar

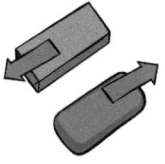

vaihtaa

hacer negocios

raha

dinero

dollari

dólar

euro

euro

jeni

yen

rupla

rublo

frangi

franco suizo

renminbi juan

yuan

rupia

rupia

pankkiautomaatti

cajero automático

rahanvaihto

casa de cambio

kulta

oro

hopea

plata

öljy

petróleo

energia

energía

hinta

precio

sopimus

contrato

vero

impuesto

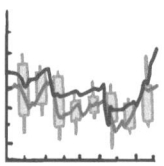

osake

acción

työskennellä

trabajar

työntekijä

empleado

työnantaja

empleador

tehdas

fábrica

liike

tienda

ammatit
ocupaciones

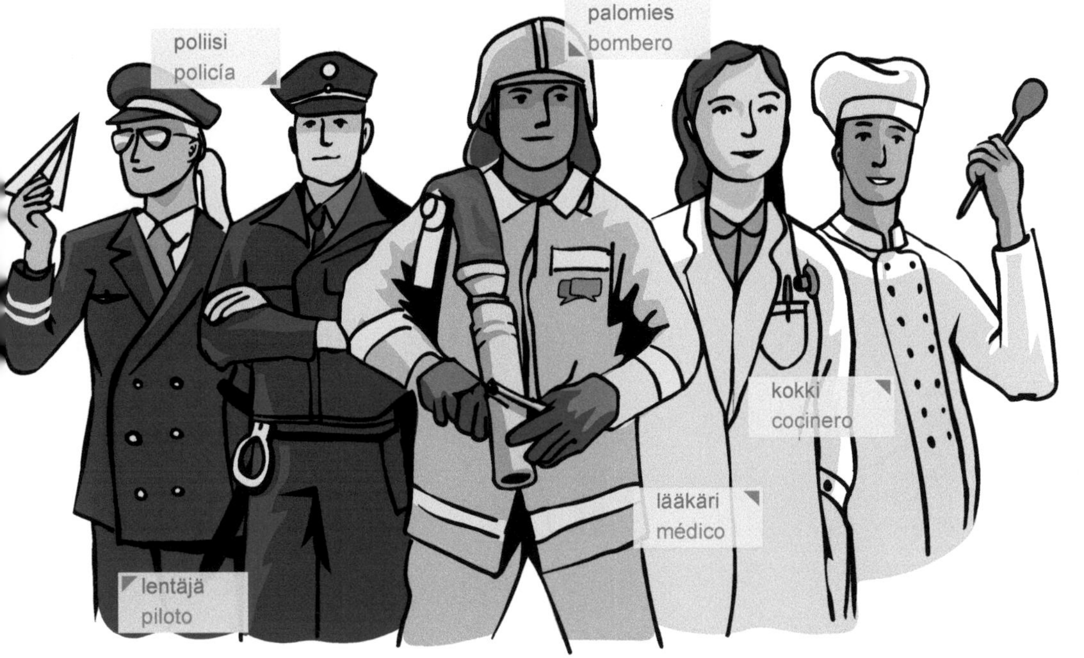

poliisi
policía
palomies
bombero
kokki
cocinero
lääkäri
médico
lentäjä
piloto

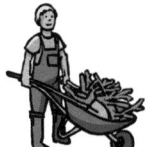

puutarhuri
jardinero

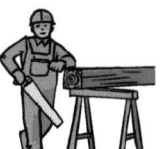

puuseppä
carpintero

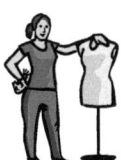

ompelija
costurera

tuomari
juez

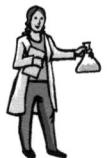

kemisti
farmacéutico

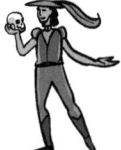

näyttelijä
actor

linja-autonkuljettaja

conductor de autobús

taksinkuljettaja

taxista

kalastaja

pescador

siivooja

señora de limpieza

katontekijä

instalador de techos

tarjoilija

camarero

metsästäjä

cazador

maalari

pintor

leipuri

panadero

sähköasentaja

electricista

rakentaja

obrero

insinööri

ingeniero

teurastaja

carnicero

putkiasentaja

plomero

postinjakaja

cartero

sotilas

soldado

arkkitehti

arquitecto

kassanhoitaja

cajero

floristi

florista

kampaaja

peluquero

konduktööri

cobrador

mekaanikko

mecánico

kapteeni

capitán

hammaslääkäri

dentista

tiedemies

científico

rabbi

rabino

imaami

imán

munkki

monje

pappi

sacerdote

ammatit - ocupaciones

työkalut
herramientas

vasara
martillo
pihdit
pinza
ruuvimeisseli
desarmador
jakoavain
llave
taskulamppu
linterna

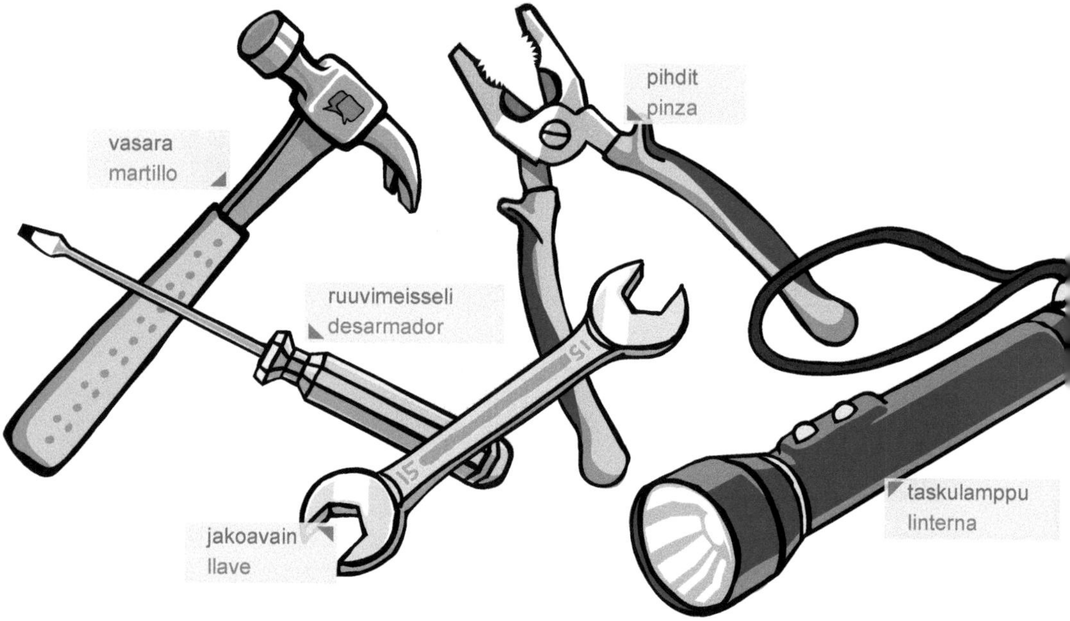

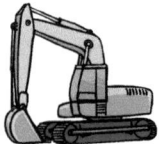

kaivinkone

excavadora

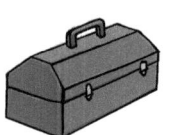

työkalupakki

caja de herramientas

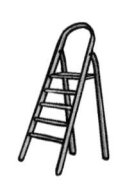

tikkaat

escalera de mano

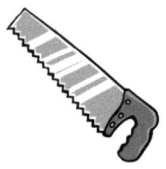

saha

sierra

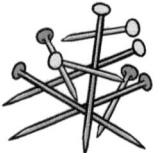

naulat

clavos

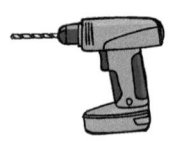

pora

taladro

korjata
reparar

lapio
pala

Hitto!
¡Maldición!

rikkalapio
recogedor

maalipurkki
bote de pintura

ruuvit
tornillos

soittimet

instrumentos musicales

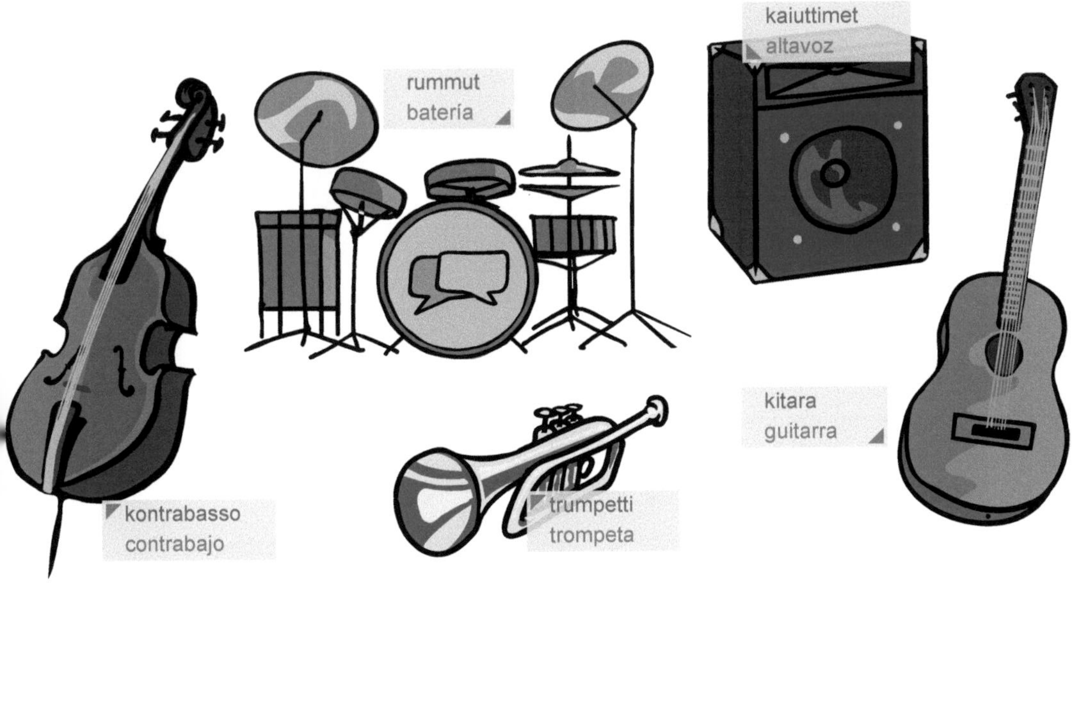

kaiuttimet
altavoz

rummut
batería

kontrabasso
contrabajo

trumpetti
trompeta

kitara
guitarra

piano
piano

viulu
violín

basso
bajo

patarummut
timbales

rumpu
tambor

kosketinsoitin
teclado

saksofoni
saxofón

huilu
flauta

mikrofoni
micrófono

eläintarha
zoológico

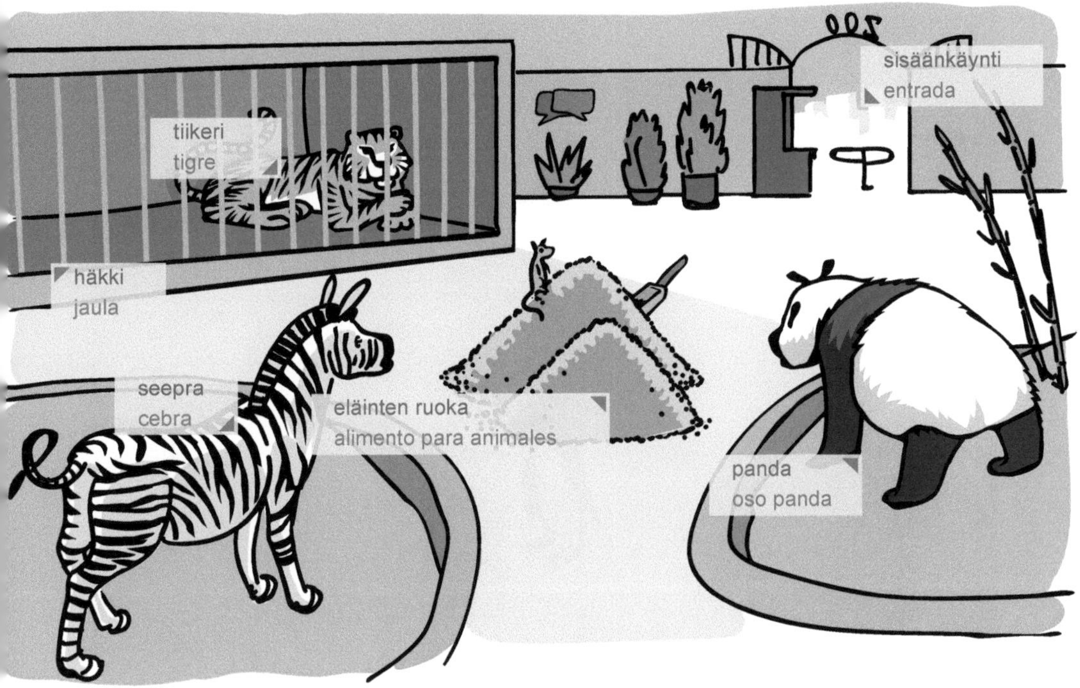
tiikeri
tigre
häkki
jaula
seepra
cebra
eläinten ruoka
alimento para animales
panda
oso panda
sisäänkäynti
entrada

eläimet

animales

norsu

elefante

kenguru

canguro

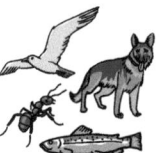

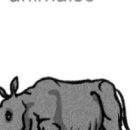

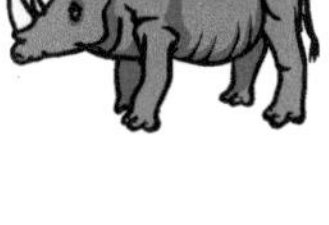

sarvikuono

rinoceronte

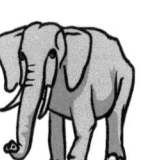

gorilla

gorila

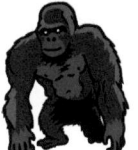

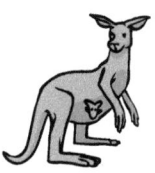

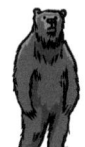

karhu

oso

kameli
camello

strutsi
avestruz

leijona
león

apina
mono

flamingo
flamenco

papukaija
loro

jääkarhu
oso polar

pingviini
pingüino

hai
tiburón

riikinkukko
pavo real

käärme
serpiente

krokotiili
cocodrilo

eläintarhanhoitaja
guardián de zoológico

hylje
foca

jaguaari
jaguar

poni

poni

leopardi

leopardo

virtahepo

hipopótamo

kirahvi

jirafa

kotka

águila

villisika

jabalí

kala

pescado

kilpikonna

tortuga

mursu

morsa

kettu

zorro

gaselli

gacela

amerikkalainen jalkapallo
fútbol americano

pyöräily
ciclismo

tennis
tenis

koripallo
baloncesto

uinti
natación

nyrkkeily
boxeo

jääkiekko
hockey sobre hielo

jalkapallo
fútbol

sulkapallo
bádminton

yleisurheilu
atletismo

käsipallo
handball

hiihto
esquí

poolo
polo

aktiviteetit
actividades

nauraa
reír
hypätä
saltar
halata
abrazar
kävellä
caminar
laulaa
cantar
unelmoida
soñar
rukoilla
rezar
suudella
besar

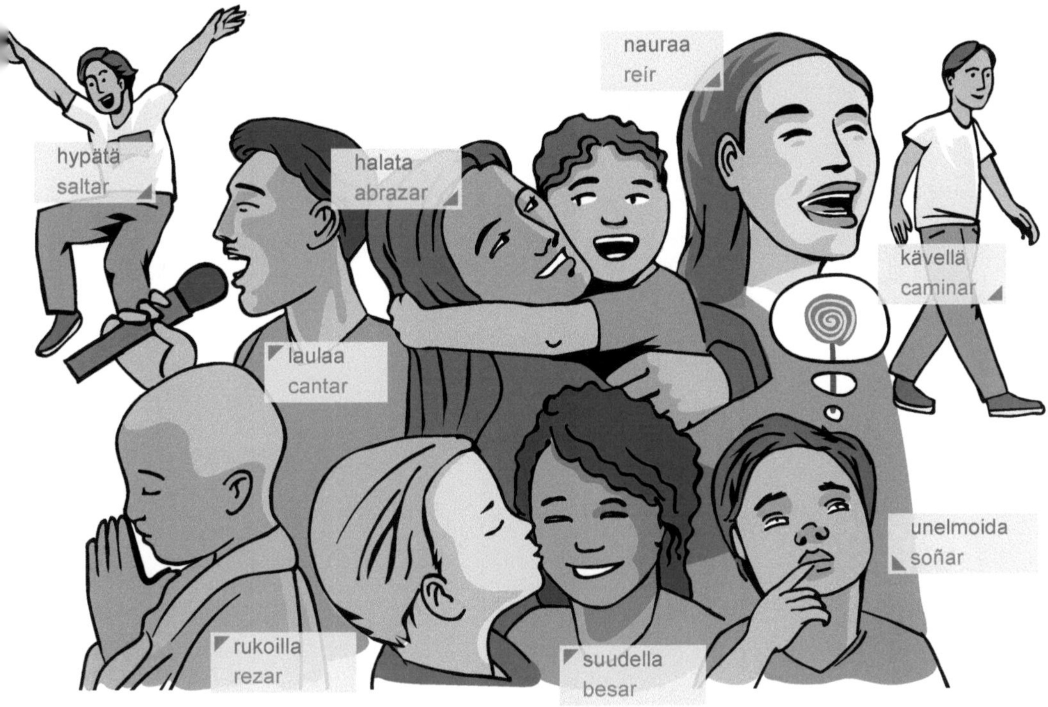

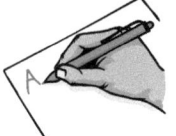

kirjoittaa

escribir

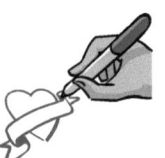

piirtää

dibujar

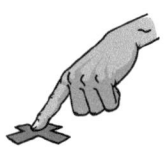

näyttää

mostrar

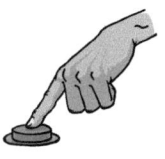

painaa

empujar

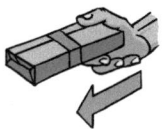

antaa

dar

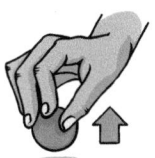

ottaa

tomar

omistaa

tener

tehdä

hacer

olla

ser

seisoa

estar parado

juosta

correr

vetää

jalar

heittää

arrojar

kaatua

caer

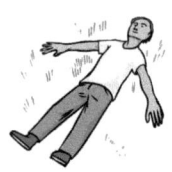

maata

estar acostado

odottaa

esperar

kantaa

llevar

istua

estar sentado

pukeutua

vestirse

nukkua

dormir

herätä

despertar

katsoa

mirar

itkeä

llorar

silittää

acariciar

kammata

peinar

puhua

hablar

ymmärtää

entender

kysyä

preguntar

kuunnella

escuchar

juoda

beber

syödä

comer

siivota

ordenar

rakastaa

amar

keittää

cocinar

ajaa

conducir

lentää

volar

purjehtia

navegar

laskea

calcular

lukea

leer

oppia

aprender

työskennellä

trabajar

mennä naimisiin

casarse

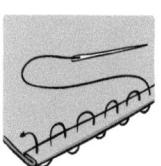

ommella

coser

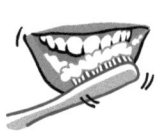

pestä hampaat

cepillarse los dientes

tappaa

matar

tupakoida

fumar

lähettää

enviar

perhe
familia

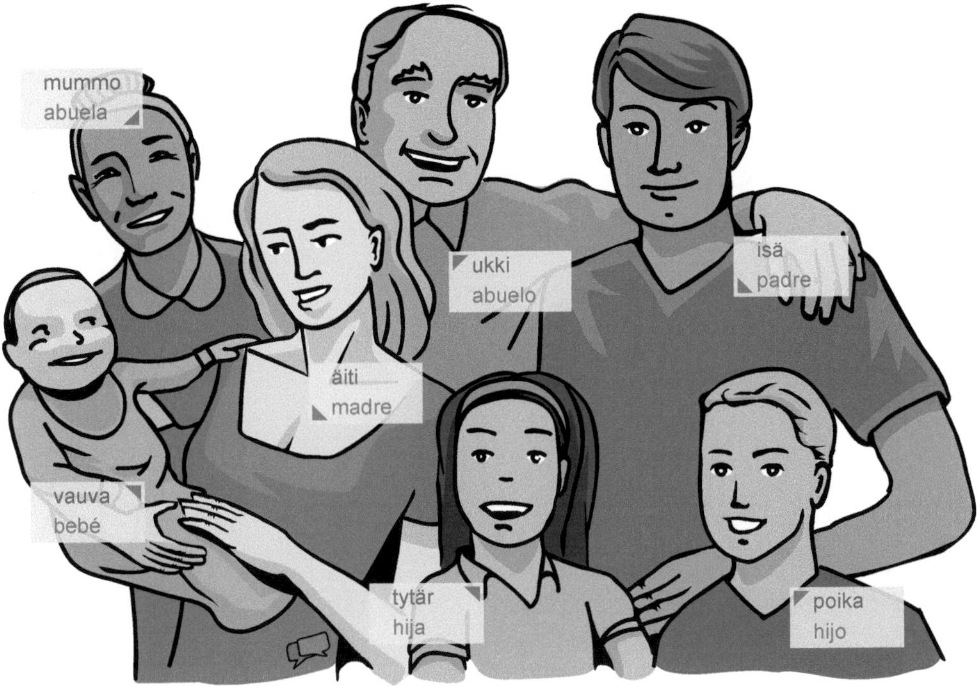
mummo
abuela
ukki
abuelo
isä
padre
äiti
madre
vauva
bebé
tytär
hija
poika
hijo

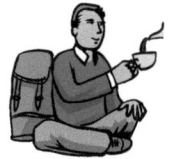

vieras
invitado

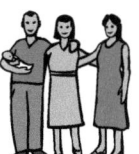

täti
tía

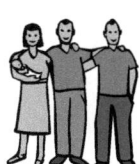

setä
tío

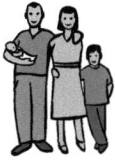

veli
hermano

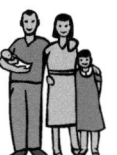

sisko
hermana

vartalo
cuerpo

otsa
frente
silmä
ojo
olkapää
hombro
sormet
dedo
kasvot
cara
leuka
barbilla
käsi
mano
rinta
pecho
jalka
pierna
käsivarsi
brazo

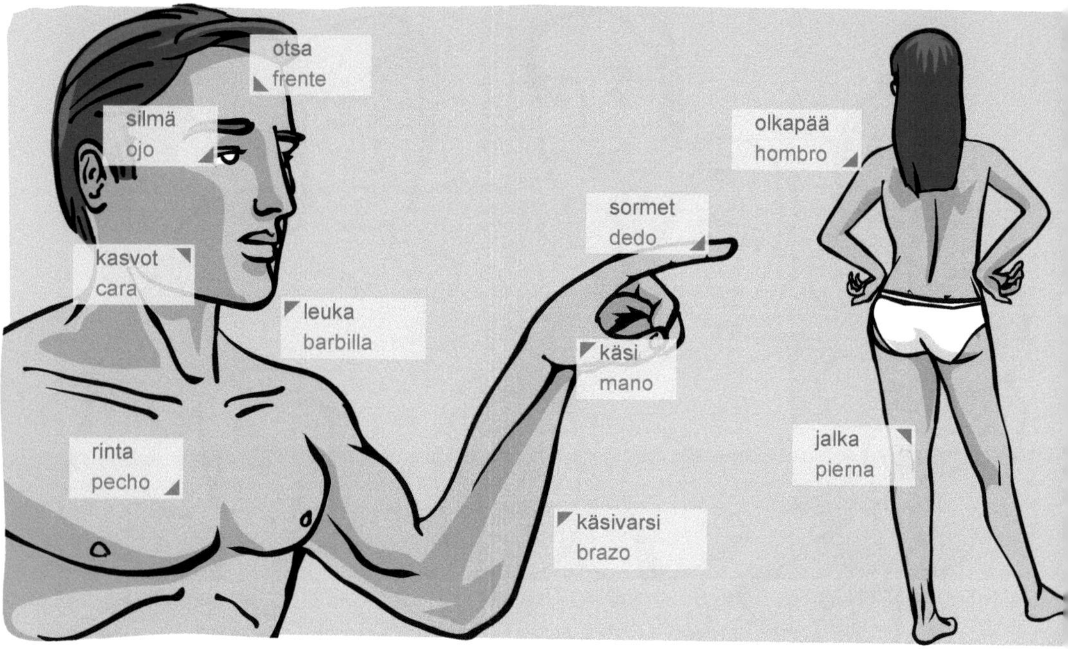

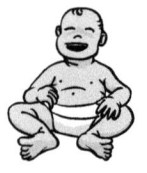

vauva
bebé

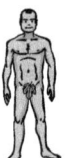

mies
hombre

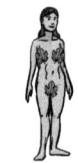

nainen
mujer

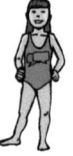

tyttö
niña

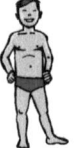

poika
niño

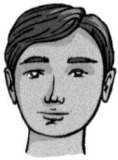

pää
cabeza

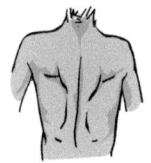

selkä
espalda

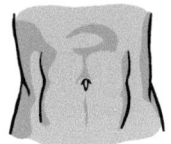

maha
barriga

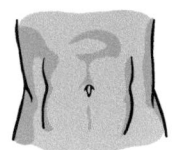

napa
ombligo

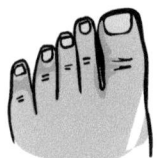

varvas
dedo dpie

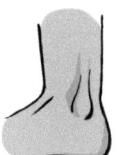

kantapää
talón

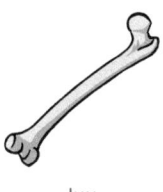

luu
hueso

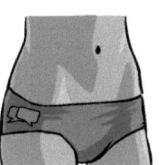

lantio
cadera

polvi
rodilla

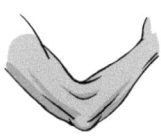

kyynärpää
codo

nenä
nariz

takapuoli
pompis

iho
piel

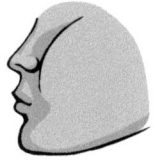

poski
mejilla

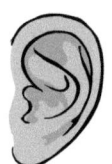

korva
oído

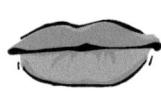

huuli
labio

suu

boca

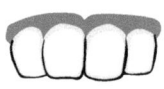

hammas

diente

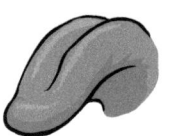

kieli

lengua

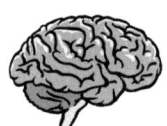

aivot

cerebro

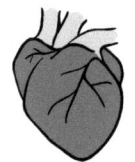

sydän

corazón

lihas

músculo

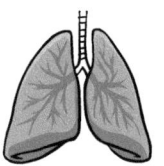

keuhkot

pulmón

maksa

hígado

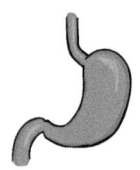

vatsa

estómago

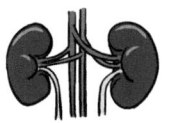

munuaiset

riñones

seksi

sexo

kondomi

condón

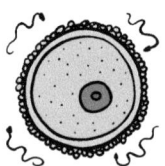

munasolu

óvulo

sperma

semen

raskaus

embarazo

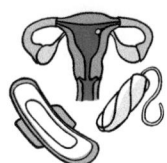

kuukautiset

menstruación

vagina

vagina

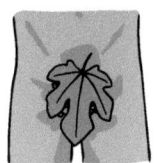

penis

pene

kulmakarvat

ceja

hiukset

cabello

niska

cuello

sairaala
hospital

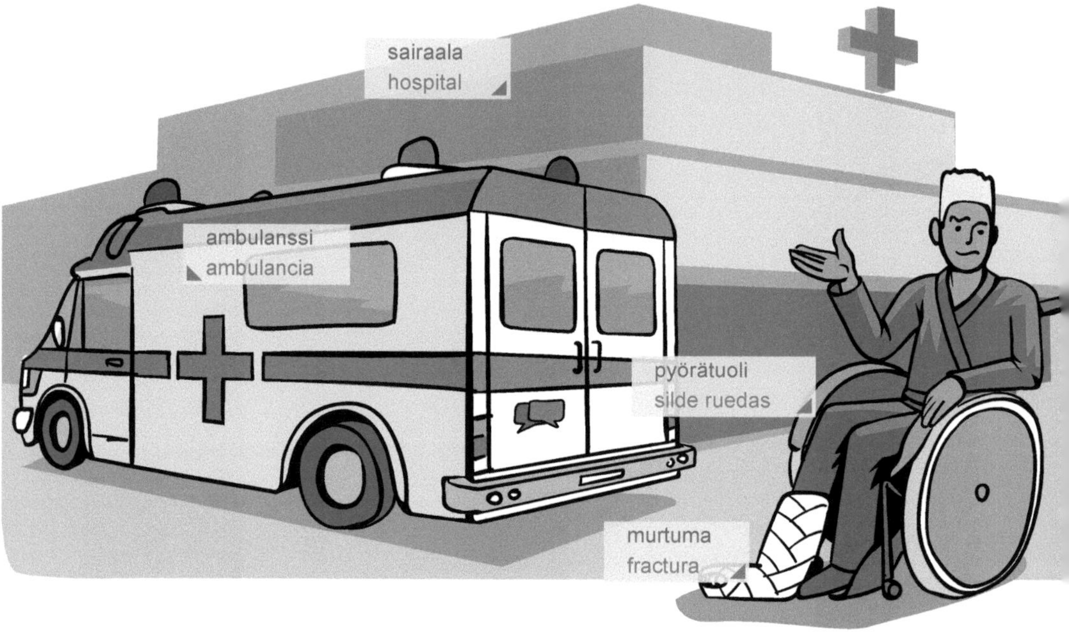

sairaala
hospital
ambulanssi
ambulancia
pyörätuoli
silde ruedas
murtuma
fractura

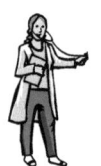

lääkäri

médico

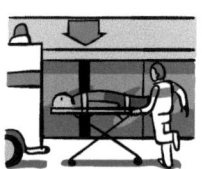

ensiapu

sade emergencias

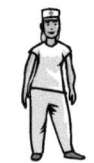

sairaanhoitaja

enfermera

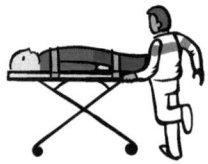

hätätilanne

emergencia

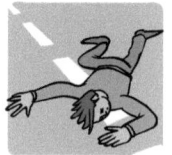

tajuton

inconsciente

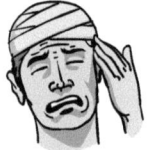

kipu

dolor

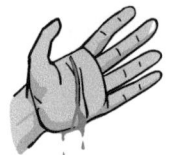

vamma

lesión

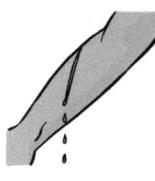

verenvuoto

hemorragia

sydänkohtaus

infarto

aivoinfarkti

accidente cerebrovascular

allergia

alergia

yskä

tos

kuume

fiebre

flunssa

gripa

ripuli

diarrea

päänsärky

dolor de cabeza

syöpä

cáncer

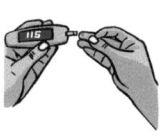

diabetes

diabetes

kirurgi

cirujano

veitsi

bisturí

leikkaus

operación

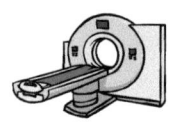

ct
TC

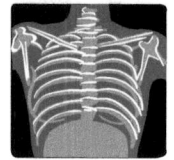

röntgen
rayos x

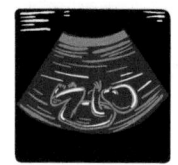

ultraääni
ultrasonido

maski
mascarilla

sairaus
enfermedad

odotushuone
sade espera

sauva
muleta

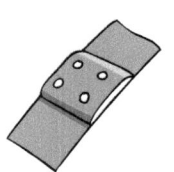

laastari
vendita

side
vendaje

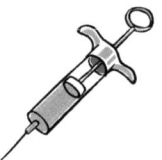

pistos
inyección

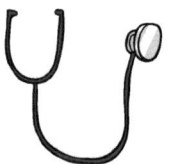

stetoskooppi
estetoscopio

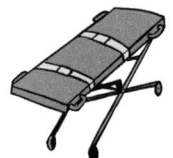

paarit
camilla

kuumemittari
termómetro

syntymä
nacimiento

ylipaino
sobrepeso

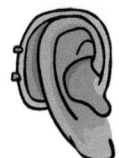

kuulolaite

audífono

desinfiointiaine

desinfectante

infektio

infección

virus

virus

HIV / AIDS

VIH / SIDA

lääke

medicina

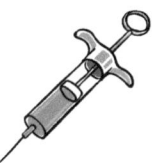

rokotus

vacunación

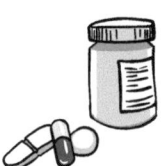

tabletit

tabletas

pilleri

pastilanticonceptiva

hätäpuhelu

llamada de emergencia

verenpainemittari

medidor de presión

sairas / terve

enfermo / sano

Apua!
¡Socorro!

hälytys
alarma

ryöstö
agresión

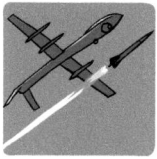

hyökkäys
ataque

vaara
peligro

hätäuloskäynti
salida de emergencia

Tulipalo!
¡Fuego!

palosammutin
extintor de incendios

onnettomuus
accidente

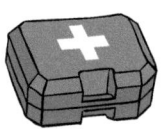

ensiapulaukku
botiquín de primeros
auxilios

SOS
SOS

poliisilaitos
policía

Eurooppa

Europa

Pohjois-Amerikka

Norteamérica

Etelä-Amerikka

Sudamérica

Afrikka

África

Aasia

Asia

Australia

Australia

Atlantin valtameri

Atlántico

Tyynimeri

Pacífico

Intian valtameri

Océano Índico

Eteläinen jäämeri

Océano Antártico

Pohjoinen jäämeri

Océano Ártico

pohjoisnapa

polo norte

etelänapa

polo sur

Antarktis

Antártida

maa

tierra

maa

tierra

meri

mar

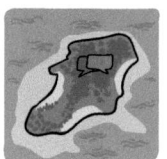

saari

isla

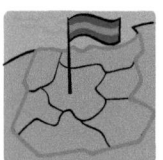

kansa

nación

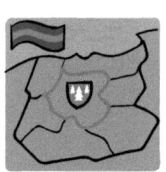

osavaltio

estado

kellotaulu

esfera

tuntiviisari

manecilde las horas

minuuttiviisari

minutero

sekuntiviisari

segundero

Paljonko kello on?

¿Qué hora es?

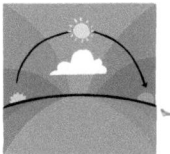

päivä

día

aika

hora

nyt

ahora

digitaalikello

reloj digital

minuutti

minuto

tunti

hora

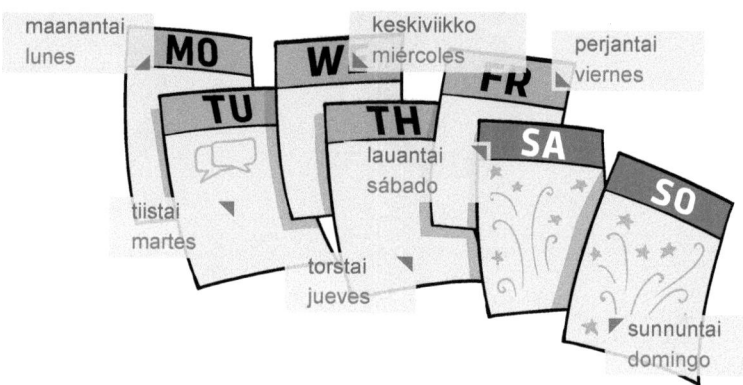

maanantai
lunes

keskiviikko
miércoles

perjantai
viernes

tiistai
martes

lauantai
sábado

torstai
jueves

sunnuntai
domingo

eilen
ayer

tänään
hoy

huomenna
mañana

aamu
mañana

keskipäivä
mediodía

ilta
tarde

MO	TU	WE	TH	FR	SA	SU
1	2	3	4	5	6	7
8	9	10	11	12	13	14
15	16	17	18	19	20	21
22	23	24	25	26	27	28
29	30	31	1	2	3	4

työpäivät
días laborables

MO	TU	WE	TH	FR	SA	SU
1	2	3	4	5	6	7
8	9	10	11	12	13	14
15	16	17	18	19	20	21
22	23	24	25	26	27	28
29	30	31	1	2	3	4

viikonloppu
fin de semana

vuosi
año

sade
lluvia
sateenkaari
arco iris
lumi
nieve
tuuli
viento
kevät
primavera
syksy
otoño
kesä
verano
talvi
invierno

4.APRIL 11°
5.APRIL 4°
6.APRIL 13°
7.APRIL 8°
8.APRIL 10°

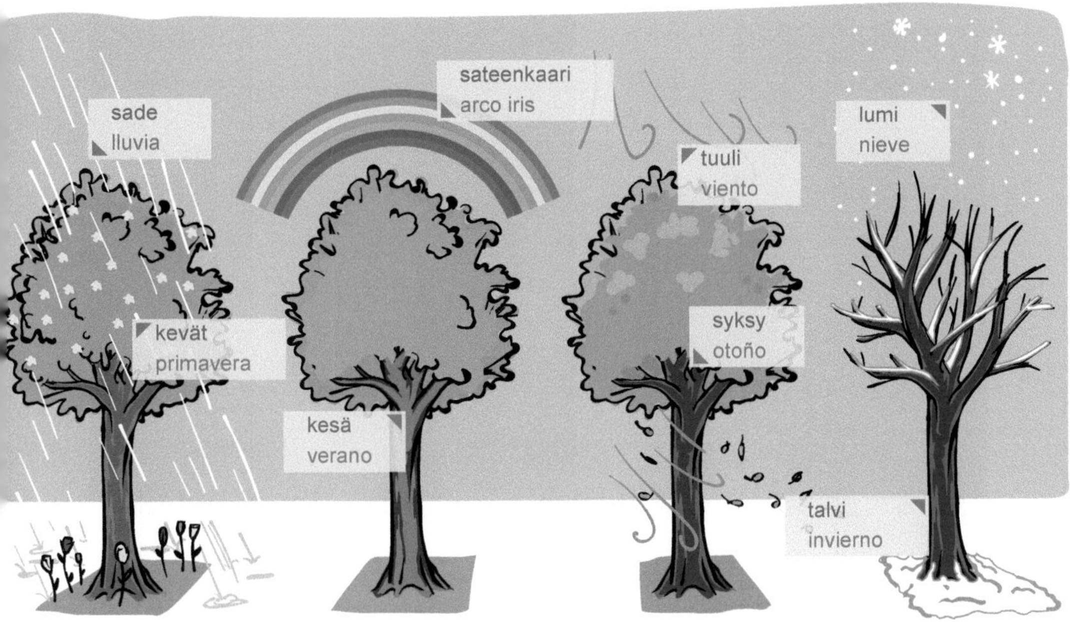

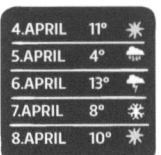

sääennuste

pronóstico dtiempo

F C
120 90 60 30 0 -30
40 30 20 10 0 -10 -20

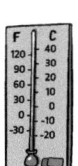

lämpömittari

termómetro

auringonpaiste

sol

pilvi

nube

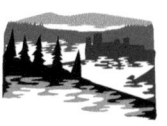

sumu

niebla

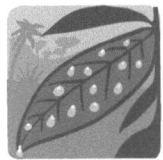

ilmankosteus

humedad

salama

rayo

ukkonen

trueno

myrsky

tormenta

rae

granizo

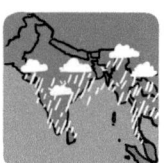

monsuuni

monzón

tulva

inundación

jää

hielo

tammikuu

enero

helmikuu

febrero

maaliskuu

marzo

huhtikuu

abril

toukokuu

mayo

kesäkuu

junio

heinäkuu

julio

elokuu

agosto

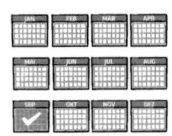

syyskuu
....
septiembre

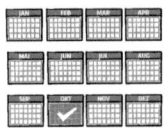

lokakuu
....
octubre

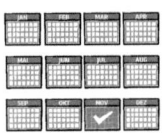

marraskuu
....
noviembre

joulukuu
....
diciembre

muodot
formas

ympyrä
....
círculo

neliö
....
cuadrado

suorakulmio
....
rectángulo

kolmio
....
triángulo

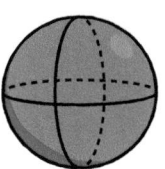

pallo
....
esfera

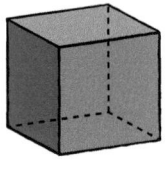

kuutio
....
cubo

colores

valkoinen

blanco

keltainen

amarillo

oranssi

naranja

vaaleanpunainen

rosa

punainen

rojo

violetti

morado

sininen

azul

vihreä

verde

ruskea

marrón

harmaa

gris

musta

negro

paljon / vähän

mucho / poco

vihainen / ystävällinen

enojado / tranquilo

kaunis / ruma

bonito / feo

alku / loppu

principio / fin

suuri / pieni

grande / pequeño

vaalea / tumma

claro / oscuro

veli / sisko

hermano / hermana

puhdas / likainen

limpio / sucio

täydellinen / epätäydellinen

completo / incompleto

päivä / yö

día / noche

kuollut / elävä

muerto / vivo

leveä / kapea

ancho / angosto

syötävä / syömäkelvoton

comestible / no comestible

paha / kiltti

malo / amable

innostunut / tylsistynyt

entusiasmado / aburrido

lihava / laiha

gordo / delgado

ensimmäinen / viimeinen

primero / último

ystävä / vihollinen

amigo / enemigo

täysi / tyhjä

lleno / vacío

kova / pehmeä

duro / blando

painava / kevyt

pesado / ligero

nälkä / jano

hambre / sed

sairas / terve

enfermo / sano

laiton / laillinen

ilegal / legal

älykäs / tyhmä

inteligente / tonto

vasen / oikea

izquierda / derecha

lähellä / kaukana

cerca / lejos

uusi / käytetty

nuevo / usado

ei mitään / jotain

nada / algo

vanha / nuori

viejo / joven

päällä / pois päältä

encendido / apagado

auki / kiinni

abierto / cerrado

hiljainen / äänekäs

silencioso / ruidoso

rikas / köyhä

rico / pobre

oikein / väärin

correcto / incorrecto

karhea / sileä

áspero / suave

surullinen / iloinen

triste / contento

lyhyt / pitkä

corto / largo

hidas / nopea

lento / rápido

märkä / kuiva

húmedo / seco

lämmin / viileä

caliente / frío

sota / rauha

guerra / paz

0

nolla
cero

1

yksi
uno

2

kaksi
dos

3

kolme
tres

4

neljä
cuatro

5

viisi
cinco

6

kuusi
seis

7

seitsemän
siete

8

kahdeksan
ocho

9

yhdeksän
nueve

10

kymmenen
diez

11

yksitoista
once

12

kaksitoista

doce

13

kolmetoista

trece

14

neljätoista

catorce

15

viisitoista

quince

16

kuusitoista

dieciséis

17

seitsemäntoista

diecisiete

18

kahdeksantoista

dieciocho

19

yhdeksäntoista

diecinueve

20

kaksikymmentä

veinte

100

sata

cien

1.000

tuhat

mil

1.000.000

miljoona

millón

englanti

inglés

amerikanenglanti

inglés americano

mandariinikiina

chino mandarín

hindi

hindi

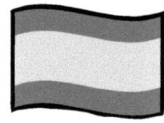

espanja

español

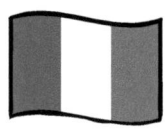

ranska

francés

arabia

árabe

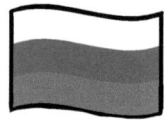

venäjä

ruso

portugali

portugués

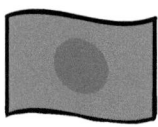

bengali

bengalí

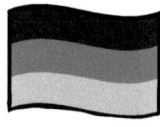

saksa

alemán

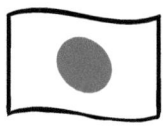

japani

japonés

minä

yo

sinä

tú

hän

él / ella

me

nosotros

te

vosotros

he

ellos

kuka?

¿quién?

mitä / mikä?

¿qué?

miten?

¿cómo?

missä?

¿dónde?

milloin?

¿cuándo?

nimi

nombre

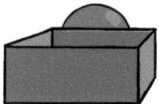

takana

detrás

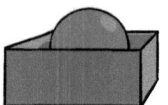

sisällä

en

edessä

delante de

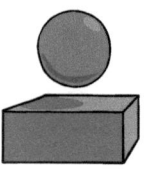

yläpuolella

por encima de

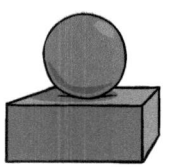

päällä

sobre

alapuolella

debajo de

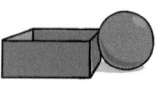

vieressä

junto a

välissä

entre

paikka

lugar